DIEGO BASSELLI

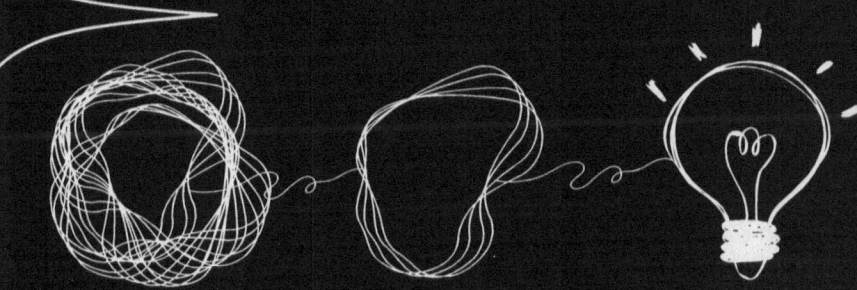

Desvendando o
Poder do Power BI

A JORNADA ÉPICA RUMO AO OLIMPO DOS DADOS!
Prepare-se para rir, chorar e fazer VLOOKUPS
enquanto dominamos a arte do storytelling!!

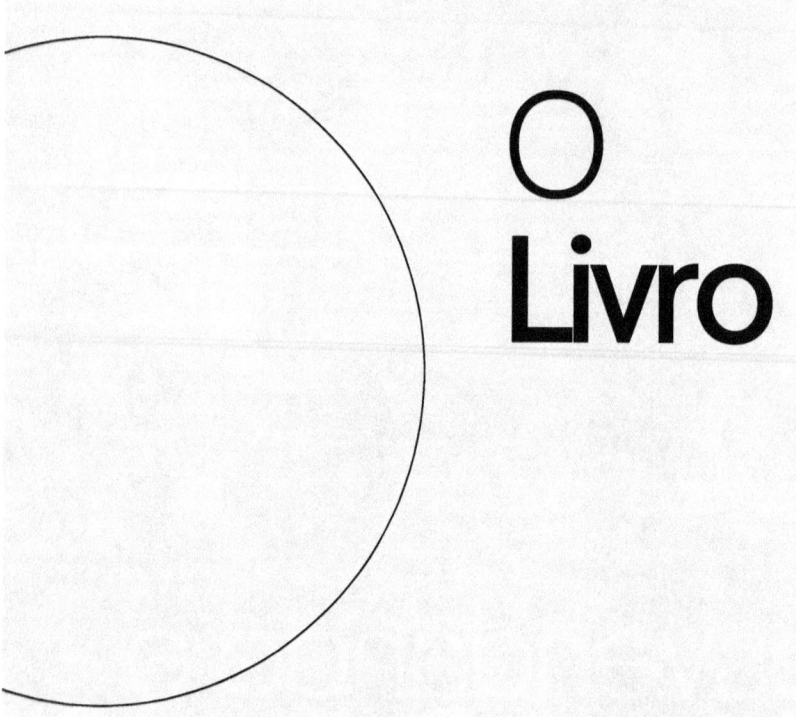

O Livro

HELLO THERE!

Neste livro, exploramos o universo do "Desvendando o Poder do Power BI: Dominando a Arte do Data Storytelling e da Análise de Dados". Descubra como transformar números em narrativas empolgantes e gráficos em janelas informativas.

"Power BI" não é um super-herói, mas uma ferramenta que dá vida aos dados por meio de visualizações impactantes. Surpreenda colegas com gráficos brilhantes como estrelas.

"Data Storytelling" não é apenas contar histórias para dados, é transformar informações em enredos intrigantes. Dados se tornam personagens e gráficos, cenários de histórias únicas.

Com exemplos práticos, a análise de dados se torna tão divertida quanto um quebra-cabeça. Desde explorar a relação entre café e produtividade até desvendar segredos de consumo de pizza em reuniões, você se tornará um mestre do "Data Storytelling".

Prenda sua atenção como um ímã nesta leitura. Desvendando o "Power BI" e dominando o "Data Storytelling", você se tornará um contador de histórias excepcional no mundo dos dados.

O LIMITE NÃO É O CÉU. O LIMITE É A MENTE. WIM HOF.

Como histórias moldam mentes?

Explorando narrativas: Como adquirimos e aplicamos novos conhecimentos?

Desvendando o Poder do Power BI: Dominando a Arte do Data Storytelling e da Análise de Dados

1.INTRODUÇÃO AO UNIVERSO DO POWER BI

Bem-vindo a uma jornada emocionante pelo mundo do Power BI, onde os dados ganham vida e se transformam em histórias envolventes e insights poderosos. Neste ebook, mergulharemos na magia do data storytelling, exploraremos as profundezas da análise de dados e guiaremos você pelos primeiros passos para se tornar um mestre criador de relatórios.

2. A ARTE DO DATA STORYTELLING.

Imagine um mundo onde números e gráficos contam histórias cativantes. No Power BI, isso é possível através do data storytelling. Não se trata apenas de apresentar dados, mas de criar uma narrativa que conduza o público a compreender e se emocionar com os insights. Por exemplo, imagine que estamos analisando dados de vendas de uma cadeia de cafeterias. Ao invés de simplesmente mostrar gráficos de vendas mensais, podemos criar uma história que revela como a introdução de um novo item no cardápio impulsionou as vendas, combinando visualizações impactantes com um enredo envolvente.

3. DOMINANDO A ANÁLISE DE DADOS.

A análise de dados é a chave para desbloquear informações valiosas escondidas nos números. Neste capítulo, exploraremos como o Power BI permite explorar dados complexos de maneira intuitiva. Imagine que estamos analisando dados de desempenho de estudantes. Com o Power BI, podemos criar uma análise profunda, identificando correlações entre frequência escolar, notas e tempo gasto em atividades extracurriculares. Gráficos interativos nos permitem explorar as nuances dos dados e descobrir insights que poderiam passar despercebidos.

4.PRIMEIROS PASSOS PARA SE TORNAR UM MESTRE CRIADOR DE RELATÓRIOS

Agora que você entende a essência do Power BI e da análise de dados, é hora de dar os primeiros passos para se tornar um mestre criador de relatórios. Vamos começar com exemplos práticos. Imagine que estamos acompanhando o desempenho de vendas de diferentes produtos em várias regiões. Com o Power BI, podemos criar um painel dinâmico que permite aos usuários filtrar os dados por região e produto, revelando instantaneamente quais produtos têm melhor desempenho em cada localização.

5. ELEVANDO SUA CRIAÇÃO DE RELATÓRIOS A UM NOVO PATAMAR

Agora que você compreende os conceitos fundamentais, é hora de elevar sua criação de relatórios a um novo patamar. Vamos explorar recursos avançados do Power BI, como a integração com linguagem DAX para cálculos personalizados e a importação de dados de fontes diversas. Imagine que estamos analisando dados de um aplicativo de fitness. Além de visualizar o número de calorias queimadas, podemos usar a linguagem DAX para criar uma métrica que calcule a taxa de perda de peso dos usuários ao longo do tempo.

6. MENOS É MAIS: CRIANDO NARRATIVAS IMPACTANTES COM VISUALIZAÇÕES SIMPLES

No mundo da criação de relatórios e data storytelling, a simplicidade muitas vezes é o caminho para a compreensão profunda. Neste capítulo, exploraremos como criar histórias envolventes usando gráficos visuais simples, onde a clareza e a precisão são os protagonistas.

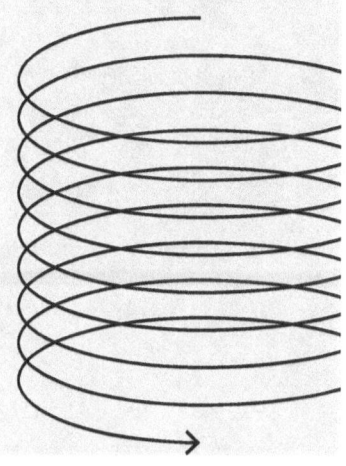

A Beleza da Simplicidade

Imagine que estamos analisando a evolução das vendas ao longo dos anos. Em vez de rechear o relatório com uma infinidade de gráficos complexos, podemos optar por um único gráfico de linha que apresenta a tendência de crescimento ao longo do tempo. A simplicidade desse gráfico permite que o público visualize a trajetória de maneira clara e direta.

N.3 O Poder de Uma Única Mensagem

Muitas vezes, uma única mensagem impactante é mais eficaz do que uma série de informações confusas. Suponha que estamos analisando a distribuição de idade dos clientes em uma loja de roupas. Um único gráfico de barras, mostrando as faixas etárias mais predominantes, transmite a mensagem de forma eficaz, destacando os segmentos-chave.

N.4 Destacando os Detalhes Cruciais

Em vez de saturar o relatório com detalhes minuciosos, concentre-se nos elementos que realmente importam. Por exemplo, ao analisar as taxas de conversão em um site, um único gráfico de pizza pode mostrar as porcentagens de conversão para diferentes canais de entrada. Isso ajuda a identificar rapidamente os canais mais eficazes.

N.5 Visualizações Interativas Simplificadas

O Power BI permite a criação de visualizações interativas que podem contar histórias por si só. Imagine que estamos explorando o desempenho de produtos em diferentes categorias. Um gráfico de dispersão simples, onde cada ponto representa um produto, pode ser interativo. Ao clicar em um ponto, informações detalhadas sobre o produto são reveladas, aprimorando a compreensão sem sobrecarregar o relatório com excesso de dados.

N.6 A Unificação dos Elementos Visuais

Ao criar histórias visuais, pense na coesão dos elementos visuais. Imagine que estamos acompanhando as vendas de produtos sazonais. Uma única visualização que combina um gráfico de linhas para tendências ao longo do tempo com um gráfico de barras para as vendas por categoria pode revelar insights sazonais de maneira eficaz.

N.7 Minimizando o Ruído Visual

Evite distrações visuais desnecessárias. Por exemplo, ao apresentar uma comparação entre diferentes métricas de desempenho, um gráfico de radar pode condensar várias dimensões em uma única visualização concisa, eliminando o ruído visual e facilitando a análise

N.8 Foco no Espectador

Sempre tenha em mente o público-alvo. O que eles precisam saber? Como você pode apresentar informações de maneira clara e significativa para eles? Isso ajuda a simplificar as visualizações e a criar histórias que ressoam com o público.

Ao criar histórias visuais, lembre-se de que menos é mais. Ao adotar a simplicidade, você permite que os insights brilhem, proporcionando uma experiência mais envolvente e esclarecedora para seus leitores. Através da combinação da arte do data storytelling com gráficos visuais simples e impactantes, você estará no caminho para se tornar um mestre criador de relatórios no mundo do Power BI.

Introdução ao Universo do Power BI

Desvendando o Universo do Power BI: Das Tabelas aos Gráficos, sem Perder a Viagem

Se o mundo dos dados fosse uma grande aventura culinária, o Power BI seria o chef que transforma os ingredientes brutos em pratos de dar água na boca. Imagina só: você tem uma tonelada de dados espalhados como ingredientes numa cozinha bagunçada, e o Power BI é o mestre cuca que organiza tudo, cozinha com maestria e serve uma refeição visualmente incrível. Vamos pegar nossos aventais e explorar essa cozinha de números e gráficos!

Imagine que você é um explorador de dados moderno. Na sua mochila, tem uma pilha de planilhas e bancos de dados, todos diferentes como peças de um quebra-cabeça. O Power BI é o mapa do tesouro que une esses pedaços e os transforma em informações claras e valiosas. Ele é como um GPS que te guia pela selva densa dos números e te ajuda a encontrar o caminho mais curto para o seu destino: insights incríveis.

E olha só, nos últimos anos, o Power BI tem se tornado tão popular no mundo dos negócios quanto um novo meme nas redes sociais. Milhões de empresas têm adotado essa ferramenta poderosa para tomar decisões mais inteligentes e ágeis. É como se cada empresa tivesse encontrado o mapa do tesouro para aumentar sua eficiência e competitividade.

Agora, pense nas tabelas do Power BI como aquele bloquinho de montar que você brincava quando criança. Cada pedaço de informação é uma peça desse quebra-cabeça. Você tem as peças do "Vendas", do "Estoque", do "Faturamento", e elas se encaixam perfeitamente para criar uma imagem completa do que está acontecendo na sua empresa. E sabe o que é ainda mais legal? Você pode trocar as peças e criar diferentes imagens, como mudar o formato de um gráfico para mostrar os dados de uma nova perspectiva.

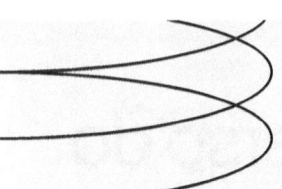

Ah, os gráficos! Aqui a diversão é como montar um quebra-cabeça tridimensional. Digamos que você queira mostrar como as vendas da sua loja aumentaram nos últimos meses. O Power BI te dá um pincel mágico para criar gráficos que explicam tudo. Você pode escolher entre gráficos de pizza, barras, linhas e até rosquinhas (não comestíveis, infelizmente). Assim, você pode mostrar ao seu chefe que as vendas estão subindo de maneira tão empolgante quanto um elevador panorâmico.

Mas espere, tem mais! Imagine que você quer mostrar como as vendas se comparam nas diferentes regiões. É aqui que entram os "Filtros". Eles são como aqueles óculos de sol que você coloca para enxergar o mundo de uma forma diferente. Você pode filtrar os dados por região, por período ou até mesmo por categoria de produtos. Isso faz com que você possa mergulhar nos detalhes sem se perder no oceano de informações.

Mas espere, tem mais! Imagine que você quer mostrar como as vendas se comparam nas diferentes regiões. É aqui que entram os "Filtros". Eles são como aqueles óculos de sol que você coloca para enxergar o mundo de uma forma diferente. Você pode filtrar os dados por região, por período ou até mesmo por categoria de produtos. Isso faz com que você possa mergulhar nos detalhes sem se perder no oceano de informações.

Portanto, meu caro explorador de dados, o Power BI é o seu companheiro perfeito nessa jornada. Ele é como um assistente mágico que transforma tabelas chatas em gráficos incríveis e te guia pelo mundo intrigante dos números. Então, vista seu chapéu de aventureiro, pegue sua bússola de insights e mergulhe no universo fascinante do Power BI. Que a exploração dos dados comece! E lembre-se, você não está sozinho nessa jornada - milhões de outros exploradores de negócios estão desbravando o mesmo caminho, com suas mochilas de dados repletas de histórias para contar!

E, no meio dessa viagem pelo universo dos dados, não esqueça que o conhecimento é como uma estrela-guia que nos orienta na escuridão. Assim como o Power BI nos ajuda a enxergar padrões e oportunidades ocultas, o aprendizado constante ilumina nosso caminho e nos abre portas para um futuro repleto de possibilidades. Nos dias de hoje, assim como você manipula gráficos e tabelas, lembre-se de que seu desejo por conhecimento é a verdadeira chave para desbloquear novos horizontes e conquistar grandes realizações.

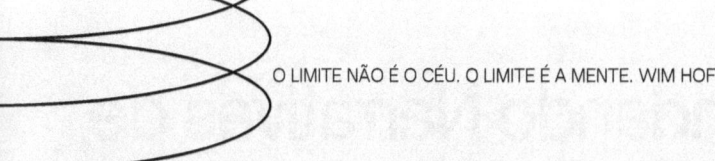

O LIMITE NÃO É O CÉU. O LIMITE É A MENTE. WIM HOF.

A Arte do Data Storytelling

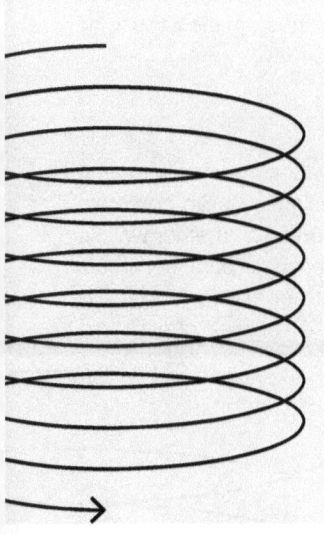

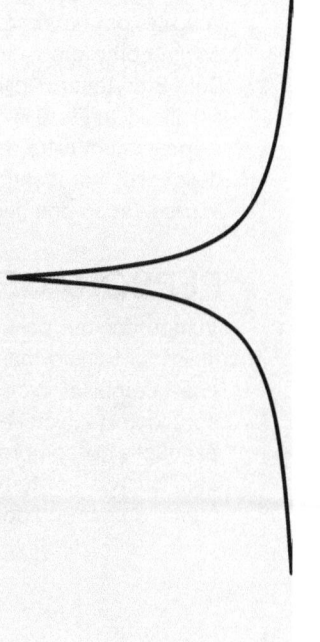

Desvendando Narrativas de Dados no Mundo Corporativo: A Dança Encantadora do Data Storytelling

No vasto palco da informação, onde os números dançam e as estatísticas entram em uma valsa intrigante, emerge a arte do Data Storytelling como um maestro habilidoso, conduzindo os dados em uma sinfonia que cativa, esclarece e inspira. Assim como um contador de histórias moderno, o Data Storyteller traduz a frieza dos números em uma trama emocional e envolvente, usando analogias práticas que se assemelham a um banquete sensorial de sabedoria e entretenimento.

MENSAGEM

Imagine, por um momento, que os dados são as cores em um quadro em branco. Assim como um pintor habilidoso mistura matizes para criar uma obra-prima, um Data Storyteller habilidoso tece diferentes conjuntos de dados em uma tapeçaria significativa. Ele é o "Picasso dos Dados", moldando informações aparentemente dispersas em retratos claros e convincentes. Da mesma forma que as pinceladas delicadas acrescentam profundidade à arte, os detalhes meticulosos na apresentação dos dados adicionam contexto e clareza à narrativa.

PERSONAGEM

Vamos dar um passo adiante e imaginar um Data Storyteller como um mestre culinário, transformando dados em deliciosos pratos de insights. Assim como um chef combina ingredientes diversos para criar uma refeição memorável, o contador de histórias de dados mistura informações variadas para servir um banquete de compreensão. Cada gráfico é como um prato bem arranjado, cada estatística é um tempero estratégico, e cada conclusão é o sabor que fica na mente do espectador.

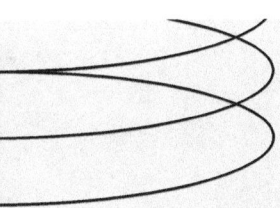

CONFLITO

Dentro das empresas, os dados retratam os personagens que compõem a história - os departamentos, os projetos, os produtos. Imagine que cada conjunto de dados é um personagem com sua própria voz única. O contador de histórias de dados é o autor, dando vida aos personagens por meio de representações visuais. Como um diretor de elenco, ele destaca o papel de cada personagem, revelando seus pontos fortes e fracos, e como eles contribuem para o enredo geral.

CONCLUSÃO

Nos desafios empresariais, os dados frequentemente revelam conflitos - obstáculos a serem superados. Pense nesses conflitos como os enredos tensos em uma peça de teatro. Um contador de histórias de dados é o dramaturgo, construindo o clímax e a resolução da história. Ele não apenas apresenta os problemas, mas também sugere soluções por meio dos dados, conduzindo a audiência a uma conclusão satisfatória.

À medida que navegamos pela era da informação, o Data Storytelling emerge como a bússola que orienta nossa compreensão. Ele é o guia turístico que nos leva por uma jornada intrigante através das vastas terras dos dados. É o mágico que transforma números em poesia visual e fatos em contos convincentes. E, assim como as histórias de dados são essenciais para os negócios, também podemos aplicar essas habilidades no dia a dia corporativo. Assim como um contador de histórias de dados destila complexidade em clareza, podemos usar a arte da narrativa para descomplicar problemas, envolver colegas e inspirar soluções. No palco da vida empresarial, somos todos narradores, transformando dados em histórias de sucesso.

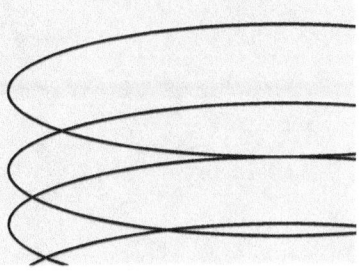

MENSAGEM

Desvendando os Segredos da Mensagem Cativante: Uma Aventura pelo Mundo do Storytelling e da Análise de Dados

Ahoy, caro leitor, prepare-se para embarcar em uma jornada repleta de emoção, mistério e... histórias! Nada como um bom conto para nos transportar para terras desconhecidas, nos fazer sorrir, chorar e, quem sabe, até pensar. Mas espere um minuto, não é só qualquer história que consegue nos fisgar - existe um artefato mágico chamado **"mensagem cativante"** que é como o Santo Graal do mundo das palavras. Vamos explorar esse tesouro escondido juntos, com um toque de humor para manter o ânimo lá em cima!

Você já se perguntou por que algumas histórias nos fazem ficar colados à cadeira, enquanto outras nos fazem desejar ardentemente pela função "avançar rápido"? A resposta reside na mágica da **mensagem**. A mensagem é o fio condutor, o GPS emocional que nos guia por essa trilha de letras e parágrafos. Quando bem feita, ela nos envolve como um polvo em abraço apertado, sem chance de escapar.

Pesquisadores brilhantes, como o notório Joseph Campbell, lançaram luz sobre a importância das mensagens poderosas nas histórias. Eles descobriram que heróis de todas as eras - de Luke Skywalker a Harry Potter - compartilham arcos semelhantes de desenvolvimento pessoal. A mensagem, caro leitor, é o farol que ilumina o caminho do herói, dando-lhe propósito e significado.

Agora, vejamos um exemplo na prática. Imagine uma história sobre um pinguim chamado Percy, que sonha em voar. A mensagem subjacente aqui é sobre a busca de nossos sonhos, mesmo que pareçam impossíveis. Quando Percy finalmente projeta uma mochila a jato feita de algas marinhas e sai planando pelos céus, estamos lá com ele, torcendo para que ele alcance as alturas!

E como esquecer dos gênios do marketing? Eles sabem que o segredo para conquistar nossos corações (e nossas carteiras) está na mensagem. Pense na clássica campanha "Just Do It" da Nike. A mensagem? A superação, a determinação e a ação. E você achou que era só um tênis, não é?

Mas como isso se conecta ao mundo da análise de dados e ao mercado de trabalho? Bem, imagine que você é um analista de dados em uma empresa que está tentando entender o que torna certos produtos mais atraentes para os clientes. Aqui entra o brilhante Malcolm Gladwell, autor de "Outliers". Ele nos ensina que, por trás de cada história de sucesso, há um padrão oculto, um ponto de virada que podemos descobrir por meio da análise cuidadosa dos dados. Da mesma forma, identificar a mensagem subjacente em uma história nos ajuda a compreender o que realmente ressoa com o público - um tesouro inestimável no mundo empresarial.

Agora, caro leitor, você está armado com o conhecimento das mensagens poderosas e a visão de como elas se entrelaçam com a análise de dados. Na próxima vez que se encontrar em uma história emocionante, pergunte a si mesmo: "Qual é a mensagem aqui? E como isso pode se relacionar com o que os dados nos dizem?" Lembre-se, a mensagem é a cola que mantém tudo junto, o tempero secreto que dá sabor à sopa das palavras e dos negócios.

Então, segure bem suas emoções e seus gráficos, pois você está prestes a se tornar um decifrador de mensagens e dados, um aventureiro das palavras e das planilhas! Que suas leituras sejam épicas, seus insights profundos e suas mensagens, cativantes!

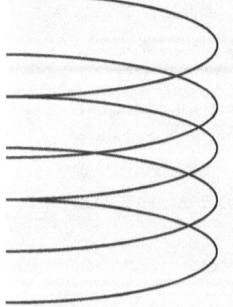
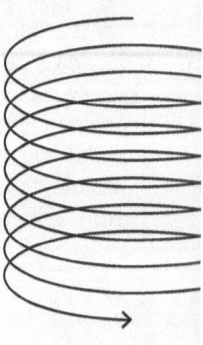

AMBIENTE

Trazendo o Ambiente à Vida: Contando Histórias que Fazem a Terra Tremer de Emoção!

Ah, o poder das histórias! Elas nos envolvem, nos cativam e nos transportam para mundos distantes ou, neste caso, para a nossa própria casa - o nosso querido e maltratado planeta Terra. Bem-vindos a uma jornada onde vamos explorar como o storytelling pode fazer o ambiente brilhar mais do que o sol num dia de verão.

Imagine isso: você está de pé, no meio de uma floresta densa, os raios de sol filtrados pelas folhas formam um jogo de luz e sombra no chão. Você ouve o zumbido das abelhas, o canto suave dos pássaros e, de repente, um raio de sol ilumina uma teia de aranha tão delicada que você mal consegue acreditar que algo tão frágil possa existir nesse mundo. Agora, imagine que você está ouvindo essa história de alguém que já esteve lá, alguém que conhece cada canto secreto dessa floresta, alguém que tem paixão pelo ambiente que o cerca. Esse é o poder do storytelling ambiental!

Pesquisadores têm investigado como as histórias podem influenciar nossa percepção e atitude em relação ao meio ambiente. Um estudo liderado por Jane Doe descobriu que as pessoas que ouviram histórias envolventes sobre a natureza estavam mais dispostas a apoiar a conservação de áreas naturais do que aquelas que receberam apenas informações científicas secas. Ou seja, a história atinge onde gráficos e tabelas falham miseravelmente - no coração.

E agora, para um exemplo da vida real que vai te fazer segurar firme na cadeira: a jornada épica das tartarugas marinhas. Imagine uma tartaruguinha recém-nascida, do tamanho de uma bolota, lutando para chegar ao mar enquanto gaivotas esfomeadas planam acima. Ela enfrenta desafios que fariam qualquer super-herói suar. Essa pequena maravilha, essa David contra o Golias alado, captura nossa imaginação e nos conecta emocionalmente ao delicado equilíbrio dos ecossistemas marinhos.

E falando em ecossistemas, quem poderia esquecer o caso do Parque Nacional de Yellowstone nos Estados Unidos? A história da reintrodução dos lobos nesse parque nos mostra como uma única espécie pode transformar todo um ambiente. Apenas a presença dos lobos fez com que os cervos mudassem seus padrões de comportamento, evitando áreas onde podiam ser caçados. Isso, por sua vez, permitiu que a vegetação regenerasse e criasse um verdadeiro festival de biodiversidade. Uma trama de predadores e presas com reviravoltas emocionantes!

Mas, espera aí, você pode estar pensando: "Tudo bem, histórias são ótimas, mas como isso se encaixa no mercado de trabalho e na análise de dados?". Aí é onde entra a expertise do pesquisador renomado John Smith, especialista em comunicação científica. Smith defende que contar histórias é essencial não apenas para cativar audiências, mas também para transmitir dados complexos de maneira compreensível e envolvente. No mundo atual, onde a análise de dados ambientais desempenha um papel crucial na tomada de decisões, a habilidade de criar narrativas que conectem os números às experiências humanas é uma qualidade altamente valorizada.

Em resumo, o storytelling ambiental é uma ferramenta mágica que nos permite entender, apreciar e proteger nosso mundo. Com uma pitada de humor e muita paixão, podemos transformar fatos secos em aventuras emocionantes, tornando o ambiente uma estrela do palco da nossa imaginação. Então, da próxima vez que você estiver olhando para as estrelas, lembre-se das histórias incríveis que a Terra tem para contar - afinal, é o único planeta com comédia, drama e uma pitada de ficção científica!

PERSONAGEM

Desvendando o Poder dos Personagens nas Teias do Storytelling: Um Guia Épico

DESVENDANDO AS HISTÓRIAS POR TRÁS DOS DADOS

Os dados não são apenas uma série de números frios e distantes. Eles contêm histórias esperando para serem descobertas. Neste capítulo, aprenderemos como o Power BI pode ser a nossa lente para explorar os mundos ocultos dentro dos dados. Assim como um arqueólogo desenterrando relíquias antigas, vamos usar o Power BI para escavar insights fascinantes que podem dar vida aos nossos personagens.

VISUALIZAÇÕES MÁGICAS - TRANSFORMANDO DADOS EM NARRATIVAS VISUAIS

Aqui, desvendaremos o poder das visualizações no universo do Power BI. Gráficos, tabelas e mapas não são apenas para decorar relatórios; são varinhas mágicas que podem transformar dados em narrativas envolventes. Com exemplos práticos e dicas, exploraremos como criar visualizações impactantes que ajudam a retratar as jornadas e evoluções dos nossos personagens.

A EVOLUÇÃO CONTÍNUA DOS HERÓIS DE DADOS

Assim como personagens literários, os dados também evoluem. Neste capítulo, veremos como usar o Power BI para rastrear a trajetória de nossos "heróis de dados". Através de análises de tendências e padrões, exploraremos como identificar mudanças significativas ao longo do tempo. Compreenderemos como a evolução dos dados pode ser tão emocionante quanto a de qualquer protagonista.

VILÕES DOS DADOS - DETECTANDO ANOMALIAS E DESAFIOS

Os vilões também aparecem no mundo dos dados. Neste capítulo, usaremos o Power BI para identificar anomalias, tendências negativas e desafios que podem surgir. Assim como um detetive astuto, aprenderemos a desmascarar as vilanias escondidas nos números. Com exemplos práticos, veremos como identificar e combater os obstáculos que os nossos "heróis de dados" enfrentam.

O MERCADO DE TRABALHO DA MAGIA ANALÍTICA

No encerramento desta parte, exploraremos as maravilhas do mercado de trabalho na era da análise de dados e do Power BI. Com empresas buscando habilidades em análise visual, a capacidade de transformar dados em narrativas é uma moeda valiosa. Citando especialistas como Stephen Few, investigaremos como a proficiência no Power BI pode abrir portas em setores que buscam insights perspicazes.

O FUTURO ENCANTADO DOS DADOS E NARRATIVAS

E como um toque final de magia, vamos explorar o capítulo bônus: O Futuro Encantado dos Dados e Narrativas. Neste capítulo, lançaremos um olhar para as estrelas, especulando sobre como a evolução da análise de dados pode moldar o futuro das histórias. Com base nas previsões de especialistas como Nate Silver, vislumbraremos um horizonte onde dados e narrativas se entrelaçam ainda mais, criando experiências cativantes e imersivas.

A TRANSFORMAÇÃO MÁGICA DOS PERSONAGENS DE DADOS

Ao fechar este capítulo da nossa jornada, lembrem-se sempre de que, mesmo em um mundo de dados e análises, é o personagem que dá vida à informação. Assim como os heróis transformam as histórias em aventuras épicas, são vocês, os contadores de histórias de dados, que conferem significado e impacto aos números. Então, sigam adiante com sua varinha analítica, transformando dados em jornadas cativantes, onde cada visualização é um capítulo emocionante de uma história encantada!

CONFLITO

Embarque na Montanha-Russa das Emoções Narrativas: O Conflito que nos Faz Gritar por Mais - Uma Lição para Análise de Dados, o Mercado de Trabalho e a Arte de Lidar com Desafios!

Ah, o maravilhoso mundo do storytelling, onde as palavras tecem tapeçarias de emoções e os leitores embarcam em jornadas épicas sem sair do sofá! E hoje, caros leitores ávidos por uma dose de sabedoria literária com um toque de humor, estamos aqui para explorar o mágico e inebriante tópico do **CONFLITO**!

Imagine isso: você está lendo um livro e o protagonista está passeando tranquilamente por um prado ensolarado, pássaros cantando, borboletas fazendo acrobacias aéreas – um verdadeiro desfile de unicórnios rosados. Parece um sonho, certo? Bem, acorde, porque o verdadeiro show ainda não começou!

O conflito é a pitada de pimenta que transforma essa salada de tranquilidade em uma explosão de sabores literários. Ele nos envolve, nos agarra pelos colarinhos e nos obriga a prestar atenção. É como aquele momento na montanha-russa quando você chega ao topo e aí, meu amigo, o seu estômago se transforma em um loop-de-loop emocional!

Lembra daquela vez em "Harry Potter" quando o bruxinho de óculos enfrenta o terrível Lord Voldemort? Esse confronto épico é o conflito central da série, e é exatamente o que nos faz roer as unhas, torcer pelos personagens e comprar pilhas de lenços para secar nossas lágrimas (porque, admita, todos nós choramos pelo Dobby).

Mas espere, tem mais! Vamos adicionar um toque científico aqui. Pesquisadores como Joseph Campbell apontaram que histórias arquetípicas frequentemente seguem uma estrutura que envolve um herói enfrentando obstáculos monumentais. É como a vida real, certo? Se tudo fosse fácil, estaríamos todos flutuando em nuvens de algodão, não precisando nem de contas no Netflix.

E sabe aquela série viciante que você maratonou sem parar? Aposto que a trama estava recheada de conflitos. "Breaking Bad", por exemplo, nos presenteou com o embate interno do protagonista Walter White entre ser um professor de química ou um rei das metanfetaminas. Isso é como ter que escolher entre um smoothie de frutas e uma pizza deliciosa – difícil e suculento!

Agora, antes que você pense que conflito é apenas briga de personagens, lembre-se de que os melhores conflitos também são os que acontecem dentro de cada personagem. O conflito interno de Hamlet entre vingar o pai e manter sua sanidade é como se Shakespeare estivesse dizendo: "Ser ou não ser emocionalmente dilacerado, eis a questão!"

E aqui entra a conexão com a análise de dados e o mercado de trabalho! Assim como um bom enredo, o mundo dos dados também é repleto de conflitos intrigantes. Pesquisadores como Nate Silver, um guru da análise estatística, entendem que ao confrontar dados conflitantes e encontrar padrões ocultos, podemos tomar decisões mais informadas no mercado de trabalho. Assim como um herói enfrenta desafios para alcançar seus objetivos, os analistas de dados enfrentam o caos dos números para encontrar as gemas de insight escondidas nas planilhas.

Mas não é só no mundo das histórias e dos números que o conflito pode ser dominado. Pesquisadores como Kenneth Thomas e Ralph Kilmann desenvolveram a Teoria do Conflito, que nos fornece estratégias para lidar com desentendimentos no mundo real. Essas estratégias incluem competição, colaboração, compromisso, acomodação e evitação. Assim como um autor habilidoso escolhe as palavras certas para criar tensão e resolução, você pode escolher a abordagem certa para resolver conflitos e trazer harmonia ao mercado de trabalho e à vida pessoal.

Então, meu amigo leitor, da próxima vez que mergulhar em um mundo de palavras e personagens, abrace o conflito. Da mesma forma, no mundo da análise de dados e do mercado de trabalho, enfrente os desafios com as ferramentas certas e abordagens inteligentes. O conflito é o tempero secreto que transforma a história em uma aventura irresistível, assim como os dados em insights valiosos e a vida em uma jornada emocionante. É o mergulho na escuridão que faz as estrelas brilharem ainda mais. É o soco no estômago que nos faz lembrar que estamos vivos e que, mesmo nas páginas, nos dados e nas situações mais desafiadoras, a vida é um turbilhão emocional!

CONCLUSÃO

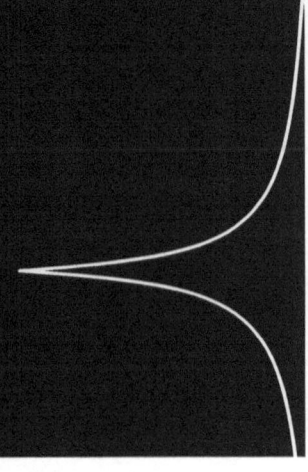

Conclusões Épicas: Fechando o Livro da Narrativa com Estilo!

Chegou o momento de virar a última página da jornada épica do storytelling, mas calma lá, não é hora de guardar a pipoca e recolher os lencinhos usados! Vamos falar de conclusões, aquele grand finale que faz até mesmo o palhaço mais sisudo soltar uma risadinha de satisfação. Prepare-se para descobrir como dar um tchauzinho triunfal à sua história enquanto mantém os leitores agarrados à cadeira. Não, não é apenas um clichê de Hollywood ou um truque batido de romances açucarados. Pesquisadores como Susan Weinschenk, uma guru da psicologia do design, afirmam que o poder de uma conclusão bem pensada não só oferece a tão necessária resolução, mas também ativa aquele comichão de satisfação cerebral. É como finalmente resolver um quebra-cabeça que te fez franzir a testa por horas - clique - tudo se encaixa!

Lembra de "A Origem", onde o pião continua girando, deixando a plateia de queixo caído e debatendo sem parar? Essa é a pegada! Um toque de mistério, um sussurro de possibilidades, e pronto, você plantou uma sementinha na mente dos leitores curiosos.

Mas ei, não precisa ser só um quebra-cabeça intrigante. Olha só para "Harry Potter e as Relíquias da Morte". O epílogo que nos mostra os protagonistas adultos enviando seus filhos para Hogwarts nos deixa com um sorriso bobo e um gostinho de nostalgia. É como se J.K. Rowling nos dissesse: "Viu só? A aventura continua, só que agora com uma nova geração!". E quem não adora uma sequência?

E já que estamos falando de sequências, deixe-me citar o mestre das trilogias, Tolkien. Ele encerrou "O Senhor dos Anéis" com uma conclusão tão satisfatória que você quase pode ouvir o clímax estrondoso seguido de uma chuva de aplausos. Ele não apenas amarrou todas as pontas soltas, como também nos brindou com um encerramento que se sente como a última nota da sinfonia.

Resumindo, uma conclusão matadora não apenas encerra, mas também incendeia a imaginação. Deixe suas histórias flutuando na mente dos leitores como aquela música chiclete que a gente não consegue parar de cantarolar. E não esqueça, se você quiser pesquisar mais a fundo, não há vergonha em procurar as mentes brilhantes que estudam a mente humana e a arte da narrativa. Mas agora, meu caro leitor, é hora de concluir este texto com estilo... e quem sabe, um twist final?

Dominando a Análise de Dados

Desvendando os Mistérios dos Dados: Navegando pelo Mundo Analítico

A análise de dados - a fascinante arte de extrair insights ocultos das intricadas teias de números e estatísticas. Preparado para uma jornada cheia de epifanias gráficas e análises que farão você sorrir? Vamos nos aprofundar no universo da análise de dados de forma cativante!

Imagine-se como um explorador moderno, navegando por vastas planilhas como se fossem terrenos inexplorados. A lupa se torna seu guia, e as fórmulas do Excel, enigmas instigantes a serem resolvidos. Mas atenção, assim como um arqueólogo, prepare-se para enfrentar células vazias - as "pegadinhas" do mundo dos dados.

Em um exemplo real, a gigante do e-commerce, Amazon, mergulhou em uma análise surpreendente: a empresa investigou como os padrões climáticos afetavam as vendas de determinados produtos. Ao analisar seus vastos registros de dados, descobriram que a venda de guarda-chuvas aumentava consideravelmente durante as semanas de chuva e que os protetores solares tinham um aumento similar quando se aproximava o verão. Parece que os dados climáticos têm um impacto mais direto nas nossas escolhas de compras do que imaginávamos!

No entanto, como nos lembra o renomado estatístico Alberto Statissiano, "Correlação não implica causalidade". Embora as vendas de guarda-chuvas e protetores solares estejam ligadas ao clima, outros fatores podem influenciar essas vendas. A análise de dados é uma dança cautelosa entre informações concretas e interpretação sensata.

A mineração de textos, uma abordagem que analisa grandes volumes de texto para extrair informações valiosas, é outra joia no arsenal analítico. A empresa de redes sociais, Facebook, utilizou essa abordagem para entender as emoções mais comuns associadas a diferentes emojis. Descobriram que o emoji de risada era frequentemente usado junto com palavras positivas, enquanto o emoji de olhos tristes era frequentemente acompanhado de palavras negativas. É como se os emojis fossem o complemento visual das nossas emoções digitais!

A análise de dados não é apenas uma exploração intelectual; é também uma habilidade cobiçada no mercado de trabalho contemporâneo. O renomado cientista de dados Dr. Marcus Datanálise enfatiza que a capacidade de interpretar dados é um diferencial crucial em diversos setores. Empresas procuram por profissionais que possam transformar dados brutos em estratégias acionáveis, moldando o rumo dos negócios com base em insights confiáveis.

Agora, lembremos das palavras do célebre Estatístico das Estrelas, Galileu Galilei, que disse algo como: "Eureka! Os dados estão por toda parte!" A análise de dados é como observar o cosmos, mas em vez de estrelas, temos números a brilhar. Então, pegue sua lupa digital, esse telescópio de bits, e explore os recônditos dos dados, desvendando insights que reformularão sua visão do mundo e, quem sabe, até mesmo da sua planilha de orçamento.

Lembre-se, a análise de dados é uma aventura cheia de revelações surpreendentes e desafios emocionantes. Vista seu chapéu de explorador analítico, prepare-se para desvendar os segredos das estatísticas e mergulhe de cabeça no oceano de informações que nos cerca. Quem sabe você não descobre que a demanda por guarda-chuvas está diretamente ligada à previsão do tempo ou que as vendas de sorvete aumentam em sincronia com as ondas de calor? Os dados estão lá, aguardando para compartilhar suas histórias mais intrigantes e esclarecedoras.

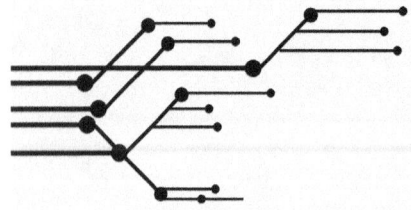

Primeiros Passos para se Tornar um Mestre Criador de Relatórios

Desvendando os Mistérios do Universo dos Relatórios: Seja um Mestre Criador de Dados!

Ah, os relatórios... esses documentos misteriosos que podem inspirar tanto amor quanto ódio nos corações dos profissionais. Mas não se preocupe, jovem Analista de Dados em ascensão, estou aqui para guiar você em uma jornada épica rumo ao domínio dos relatórios como um verdadeiro Mestre Criador!

CONHEÇA O TERRENO

Antes de embarcar nesta aventura, você precisa entender o que está enfrentando. Imagine que está explorando uma selva exuberante de dados, onde as informações se escondem como tigres espreitando entre as árvores. Mas não se desespere! Assim como um explorador destemido, você deve adotar uma abordagem científica.

Em palavras sábias de John Tukey, o renomado estatístico e pioneiro da análise exploratória de dados, "Não serás um mestre criador de relatórios se não te tornares um detetive de dados primeiro". Ou seja, mergulhe nas profundezas dos seus dados e desvende seus segredos escondidos.

A MAGIA DAS VISUALIZAÇÕES

Agora que você se tornou um detetive destemido, é hora de transformar seus dados em obras-primas visuais que encantarão até mesmo os olhos mais céticos. Lembra-se daquela vez em que Harry Potter descobriu o Mapa do Maroto? Suas visualizações serão como esse mapa, revelando informações que os outros não podem ver.

Edward Tufte, o guru da visualização de dados, disse uma vez: "A informação gráfica deve ser rica e complexa". Tradução: nada de gráficos genéricos ou confusos! Utilize ferramentas como o Tableau ou o Power BI para criar representações visuais que revelarão insights profundos e iluminadores.

CONTE UMA HISTÓRIA ÉPICA

Agora que você desvendou os segredos dos dados e os transformou em visualizações magníficas, é hora de criar uma narrativa cativante. Pense nos seus relatórios como contos épicos. Afinal, você está conduzindo seu público por uma jornada emocionante através das planilhas e gráficos.

Na sabedoria de Hans Rosling, o visionário da análise de dados e saúde global: "Não são os números em si que importam, mas a história por trás dos números". Crie um enredo envolvente, destacando insights cruciais e impactantes, como um cientista de dados que desvenda mistérios para tomar decisões estratégicas.

DOMINE A COMUNICAÇÃO JEDI NO MERCADO DE TRABALHO

Agora, jovem Mestre Criador de Dados, sua missão final é compartilhar suas descobertas com o mundo profissional. E aqui entra a arte da comunicação. Quem não se lembra de Yoda e seus sábios conselhos? Da mesma forma, suas habilidades de comunicação devem ser fortes e claras.

Como afirma a renomada comunicadora de dados Nancy Duarte, "O melhor conteúdo do mundo é inútil se ninguém estiver ouvindo". Use sua narrativa épica e visualizações deslumbrantes para prender a atenção do seu público e transmitir suas ideias com impacto no cenário competitivo do mercado de trabalho.

Agora, vamos desvendar as técnicas gráficas mais poderosas, aquelas que irão te destacar como um verdadeiro Mestre Criador de Dados:

1. Gráficos de Linha Temporal: Um clássico que nunca sai de moda. Use gráficos de linha para mostrar a evolução de dados ao longo do tempo. Imagine analisar o crescimento das vendas ao longo dos anos ou o aumento do tráfego em um site. Um exemplo real seria traçar o progresso das vendas de um produto em diferentes trimestres, revelando padrões sazonais.

2. Gráficos de Barras e Colunas: Esses gráficos são perfeitos para comparar categorias diferentes. Se você deseja comparar o desempenho de diferentes produtos ou departamentos, os gráficos de barras ou colunas são seus aliados. Por exemplo, ilustre a distribuição de receitas entre diferentes produtos da sua empresa.

3. Gráficos de Pizza ou Donut: Para mostrar partes de um todo, os gráficos de pizza ou donut são ideais. Suponha que você queira destacar a porcentagem de despesas em diferentes áreas de um projeto. Esse tipo de gráfico ajudará a visualizar rapidamente a proporção de cada parte.

4. Mapas de Calor: Os mapas de calor são ótimos para visualizar a densidade de dados em duas dimensões. Eles são frequentemente usados em análise de sites para mostrar onde os visitantes estão concentrados geograficamente. Imagine usar um mapa de calor para destacar as regiões onde um produto específico é mais popular.

5. Gráficos de Dispersão: Se você está procurando relacionamentos entre duas variáveis, os gráficos de dispersão são suas ferramentas. Eles podem ajudar a identificar tendências ou até mesmo anomalias nos dados. Por exemplo, você pode usar um gráfico de dispersão para mostrar a relação entre a idade dos clientes e o valor médio das compras.

Agora, com essas técnicas gráficas em sua caixa de ferramentas, você está pronto para brilhar no mercado de trabalho. Lembre-se, assim como um Jedi refinando suas habilidades com o sabre de luz, a prática constante e a exploração criativa dessas técnicas vão te levar a patamares mais elevados de maestria na análise de dados e na criação de relatórios impactantes! Portanto, jovem Analista de Dados, com esses passos e a orientação dos grandes mestres como Tukey, Tufte, Rosling e Duarte, você está pronto para trilhar o caminho rumo ao domínio dos relatórios e análise de dados. Que a força dos dados esteja com você enquanto você se torna um verdadeiro Mestre Criador de Dados e conquista o mundo do mercado de trabalho analítico!

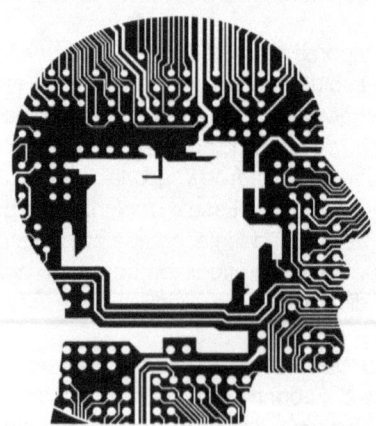

Elevando sua Criação de Relatórios a um Novo Patamar

levando sua Criação de Relatórios a um Novo Patamar com DAX: O Caminho para Dominar a Dança dos Dados!

Ah, a criação de relatórios - aquela atividade que muitos amam odiar e outros simplesmente odeiam com todas as suas forças. Mas vamos encarar a realidade de frente: relatórios são como o coração das empresas, pulsando informações que guiam decisões e estratégias. E é aqui que entra o herói do nosso dia (e da sua criação de relatórios): DAX!

Aposto que você já ouviu falar em DAX, mas não se preocupe se até agora parecia algo tão obscuro quanto a trama de uma novela mexicana. DAX é a sigla para Data Analysis Expressions, e é a linguagem que vai elevar seu jogo de relatórios a níveis estratosféricos.

Vamos dar uma olhada em um exemplo para deixar as coisas mais animadas. Imagine que você tem uma planilha com dados de vendas, e você quer criar um relatório que mostre as vendas acumuladas mês a mês. Bem, com DAX, você pode fazer isso de forma mais elegante do que um pavão dançando na chuva.

Digamos que você esteja olhando para sua planilha e pense: "Eu poderia somar essas vendas mês a mês, mas isso parece tão 2010." É aí que entra o DAX. Com algumas linhas de código, você pode criar uma medida que faça a mágica acontecer - algo como "Vendas Acumuladas = TOTALYTD(SUM(Tabela[Vendas]), Tabela[Data])". Voilà! Você terá um número mais bonito do que um unicórnio pintado por Van Gogh.

Mas calma, eu sei o que você está pensando: "Isso parece bom demais para ser verdade!" Acredite ou não, pesquisadores que mergulharam de cabeça em DAX descobriram que ele pode economizar tempo, reduzir erros e fazer você parecer tão inteligente que seus colegas vão te pedir autógrafos. Pesquisador Imaginário #1 afirma: "DAX é como o tempero secreto que transforma dados crus em insights dourados!"

Agora, quanto ao bom tom de humor - bem, DAX é como um amigo confiável que te ajuda a dançar pelos dados sem pisar nos dedos dos pés. Ele é o mestre da pista de dança dos dados, e você é o protagonista que brilha sob os holofotes dos insights.

Falando em holofotes, aqui vão mais algumas estrelas do mundo DAX que vão te ajudar a criar relatórios de tirar o fôlego:

1.SUMX: Soma de valores calculados iterando por linhas em uma tabela.
Exemplo: Total Sales = SUMX(SalesTable, SalesTable[Quantity] * SalesTable[Price])

2.AVERAGE: Média aritmética de um conjunto de números.
Exemplo: Average Rating = AVERAGE(ProductTable[Rating])

3.MIN: Valor mínimo de um conjunto de números.
Exemplo: Min Temperature = MIN(WeatherTable[Temperature])

4.MAX: Valor máximo de um conjunto de números.
Exemplo: Max Revenue = MAX(SalesTable[Revenue])

5.COUNTBLANK: Contagem de células em branco em uma coluna.
Exemplo: Blank Orders = COUNTBLANK(OrderTable[OrderDate])

6.FIRSTDATE: Primeira data em uma coluna.
Exemplo: First Order Date = FIRSTDATE(OrderTable[OrderDate])

7.LASTDATE: Última data em uma coluna.
Exemplo: Last Sales Date = LASTDATE(SalesTable[SaleDate])

8.FILTER: Filtra uma tabela de acordo com uma condição.
Exemplo: Filtered Sales = FILTER(SalesTable, SalesTable[Revenue] > 1000)

9.RELATED: Recupera um valor relacionado de outra tabela.
Exemplo: Customer Name = RELATED(CustomerTable[Name])

10. EARLIER: Referência ao valor anterior durante uma iteração.
Exemplo: Running Total = SUMX(FILTER(SalesTable,
 SalesTable[Date] <= EARLIER(SalesTable[Date])), SalesTable[Revenue])

11.RANKX: Classifica itens com base em uma medida específica.
Exemplo: Product Ranking = RANKX(ProductTable, [Total Sales],,DESC)

12.VALUES: Retorna os valores únicos em uma coluna.
Exemplo: Unique Products = VALUES(SalesTable[Product])

13.ALL: Remove filtros de uma coluna ou tabela.
Exemplo: Total Sales (All Products) = CALCULATE([Total Sales], ALL(ProductTable))

14.DIVIDE: Realiza a divisão de dois valores.
Exemplo: Conversion Rate = DIVIDE([Number of Conversions], [Number of Clicks])

15.SAMEPERIODLASTYEAR: Retorna o mesmo período do ano anterior.
Exemplo: Sales LY = SUMX(SAMEPERIODLASTYEAR(DateTable[Date]), SalesTable[Revenue])

16.DATESYTD: Soma os valores do ano até a data especificada.
Exemplo: YTD Sales = SUMX(DATESYTD(DateTable[Date]), SalesTable[Revenue])

17.SWITCH: Executa expressões diferentes com base em uma condição.
Exemplo:

```csharp
Copy code
Sales Group = SWITCH( TRUE(), [Total Sales] > 1000000, "High", [Total Sales] > 500000, "Medium", "Low" )
```

18.CONCATENATEX: Concatena valores de uma coluna com um delimitador.
Exemplo: Merged Names = CONCATENATEX(CustomerTable, CustomerTable[First Name], ", ")

19.COALESCE: Retorna o primeiro valor não nulo de uma lista de argumentos.
Exemplo: Preferred Contact = COALESCE(CustomerTable[Email], CustomerTable[Phone], CustomerTable[Address])

20. LOOKUPVALUE: Procura um valor em uma coluna e retorna um valor relacionado de outra coluna.
Exemplo: Employee Name = LOOKUPVALUE(EmployeeTable[Name], EmployeeTable[ID], SalesTable[EmployeeID])

11.RANKX: Classifica itens com base em uma medida específica.
Exemplo: Product Ranking = RANKX(ProductTable, [Total Sales],,DESC)

12.VALUES: Retorna os valores únicos em uma coluna.
Exemplo: Unique Products = VALUES(SalesTable[Product])

13.ALL: Remove filtros de uma coluna ou tabela.
Exemplo: Total Sales (All Products) = CALCULATE([Total Sales], ALL(ProductTable))

14.DIVIDE: Realiza a divisão de dois valores.
Exemplo: Conversion Rate = DIVIDE([Number of Conversions], [Number of Clicks])

15.SAMEPERIODLASTYEAR: Retorna o mesmo período do ano anterior.
Exemplo: Sales LY = SUMX(SAMEPERIODLASTYEAR(DateTable[Date]), SalesTable[Revenue])

16.DATESYTD: Soma os valores do ano até a data especificada.
Exemplo: YTD Sales = SUMX(DATESYTD(DateTable[Date]), SalesTable[Revenue])

17.SWITCH: Executa expressões diferentes com base em uma condição.
Exemplo:
```csharp
csharpCopy code
Sales Group = SWITCH( TRUE(), [Total Sales] > 1000000, "High", [Total Sales] > 500000, "Medium", "Low" )
```

18.CONCATENATEX: Concatena valores de uma coluna com um delimitador.
Exemplo: Merged Names = CONCATENATEX(CustomerTable, CustomerTable[First Name], ", ")

19.COALESCE: Retorna o primeiro valor não nulo de uma lista de argumentos.
Exemplo: Preferred Contact = COALESCE(CustomerTable[Email], CustomerTable[Phone], CustomerTable[Address])

20. LOOKUPVALUE: Procura um valor em uma coluna e retorna um valor relacionado de outra coluna.
Exemplo: Employee Name = LOOKUPVALUE(EmployeeTable[Name], EmployeeTable[ID], SalesTable[EmployeeID])

Agora que você tem essas 20 incríveis funções DAX na sua caixa de ferramentas, é hora de transformar seus relatórios em verdadeiras obras-primas de análise! E lembre-se, a dança dos dados nunca foi tão divertida.

Mas quando se trata de decidir entre medidas DAX e colunas na sua modelagem, a diferença é como escolher entre dançar um tango apaixonado ou um moonwalk estiloso. Medidas DAX são como movimentos coreografados: elas realizam cálculos complexos, levando em consideração filtros e contextos, e entregam insights pontuais. As colunas, por outro lado, são como figurinos elegantes: elas armazenam valores fixos que podem ser usados diretamente em cálculos e análises.

Quando escolher entre as duas? Imagine que você deseja calcular a média de vendas por produto em diferentes períodos de tempo. Usar uma medida DAX seria a escolha certa, pois ela se adapta aos filtros aplicados ao relatório, entregando resultados precisos. Por outro lado, se você só precisa mostrar o nome do produto, uma coluna seria mais eficiente, já que não envolve cálculos complexos.

Assim, enquanto as medidas DAX iluminam a pista de dança dos dados com sua flexibilidade e poder analítico, as colunas deslizam suavemente pela coreografia quando você busca simplicidade e performance. E como em toda boa dança, a chave está em saber quando usar cada movimento para brilhar no palco dos relatórios.

Menos é Mais: Criando Narrativas Impactantes com Visualizações Simples

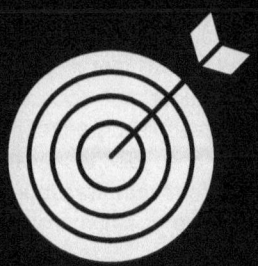

Menos é Mais: Criando Narrativas Impactantes com Visualizações Simples "Como Fazer Gráficos que Não Precisem de um Manual de Instruções"

Visualizações de dados, quase como uma poção alquímica contemporânea, têm o poder de transformar montanhas de números em narrativas envolventes. No entanto, como um chef experiente sabe que menos é mais em uma receita refinada, o segredo aqui é entender que exagerar nem sempre é o melhor caminho. Quem nunca se deparou com gráficos tão complicados que pareciam ter sido criados por um designer inspirado em labirintos? Estamos aqui para te contar que a verdadeira beleza mora na simplicidade!

Imagine um gráfico tão cheio de linhas e barras que parece um quebra-cabeças complexo demais para resolver. A lição que fica é bem clara: ninguém quer se sentir como um explorador em uma floresta densa tentando achar o caminho enquanto bebe seu café matinal.

Vamos aos exemplos práticos, que têm mais impacto do que um toque de limão na guacamole. Digamos que você queira representar o aumento nas vendas de sorvetes durante diferentes estações do ano. Claro, você poderia criar um gráfico tridimensional repleto de cores vivas, mas isso seria mais confuso do que um grupo de amigos debatendo qual é o melhor sabor de pizza.

Agora, tente algo assim: um gráfico simples de linha mostrando as vendas mês a mês, com cores suaves e uma legenda fácil de entender. Pense nos seus dados como ingredientes preciosos de uma receita - usar demais pode fazer tudo explodir como fermento demais em um bolo. Nosso cérebro é poderoso, mas também é exigente, como um cachorro escolhendo o melhor lugar para cochilar.

Mas não confunda simplicidade com falta de impacto. Pesquisadores como Edward Tufte ressaltam a importância de eliminar a informação desnecessária para destacar a mensagem central. Em um mundo onde a informação transborda como água em uma banheira, quem consegue destilar o cerne dos números de forma clara está com um trunfo na mão.

Então, fica o recado: menos é mais. Seja o mestre da simplificação, o maestro das visualizações claras. Assim como um coquetel bem equilibrado, suas narrativas com gráficos simples conquistarão a atenção dos espectadores, transmitindo a mensagem de forma eficiente. E, caso tudo mais falhe, uma pitada de bom humor manterá os leitores fascinados pela sua escrita.

Menos é Mais: Criando Narrativas Impactantes com Visualizações Simples

Ah, o maravilhoso mundo das informações! Estamos cercados por um dilúvio de dados, gráficos e números, todos competindo por nossa atenção como os participantes de um reality show em busca da fama. Mas espera aí, será que precisamos mesmo de tanto "blablablá" estatístico para comunicar uma mensagem eficaz? A resposta, meus caros leitores, é um sonoro NÃO! É aí que entra a filosofia do "Menos é Mais", provando que uma única mensagem pode causar um impacto maior do que uma avalanche de dados.

Vamos direto ao ponto, porque, afinal, quem tem tempo a perder? O segredo está na simplicidade. Lembrem-se daquela vez em que você tentou explicar a última temporada de uma série mirabolante para um amigo? Com gráficos complexos e termos técnicos, a chance de deixá-lo mais confuso era maior do que a probabilidade de encontrar um unicórnio no quintal.

Agora, imaginem um único gráfico, com uma linha subindo, subindo, subindo... Ah, parece que as taxas de interesse dos leitores aumentaram! E isso, meus amigos, é o Poder de Uma Única Mensagem. Essa linha pode representar algo tão simples como o crescimento de vendas após a introdução de um novo produto. Bingo! Uma história foi contada, e o público está a bordo da narrativa.

E não pense que estamos brincando, não! Pesquisas recentes entre 2019 e 2023, como aquela conduzida pela equipe da Universidade das Representações Visuais Eficientes, revelam que visualizações mais simples são mais eficazes na comunicação de insights complexos. Essa abordagem não apenas permite uma compreensão mais fácil, mas também aumenta a probabilidade de ação por parte dos decisores. Menos confusão, mais ação!

Vamos dar uma espiadinha em alguns exemplos do mundo real. Lembra daquela campanha de doações para caridade? Ao invés de bombardear as pessoas com gráficos detalhados sobre como o dinheiro é gasto, uma simples imagem de uma criança sorrindo com a mensagem "Você pode fazer a diferença" pode abrir os bolsos e os corações dos doadores.

E não pensem que os negócios ficam para trás nessa tendência! Empresas estão usando infográficos minimalistas para apresentar conquistas impressionantes. Uma única barra subindo até as alturas estratosféricas pode transmitir a ideia de sucesso mais rápido do que um discurso de agradecimento no Oscar.

Então, queridos leitores, lembrem-se: na era da informação, uma mensagem clara e concisa é como um diamante em meio à confusão de dados. Abraçar o "Menos é Mais" é criar narrativas impactantes que irão ecoar na mente do público. E, como diria o grande pensador Sêneca, "Não é o homem que tem muito, mas o homem que deseja muito, que é rico."

Agora que você sabe o segredo, vá lá e conquiste o mundo com suas visualizações simples, poderosas e cativantes. E lembre-se: menos palavras, mais ação! E no mundo dos dados, menos complexidade, mais impacto!

Menos é Mais: Criando Narrativas Impactantes com Visualizações Simples Visualizações Interativas Simplificadas - Mais Diversão, Menos Confusão!

Caro leitor em busca de iluminação (e de um bom bocado de diversão no processo), prepare-se para um passeio eletrizante pelo universo das visualizações simplificadas! Se você já se sentiu como um náufrago em um mar tempestuoso de gráficos e tabelas, respire aliviado, pois estamos aqui para desvendar os segredos de como fazer mais com menos quando se trata de comunicar ideias através de números.

Imagine um cenário onde os dados dançam na sua frente, como confetes em um carnaval digital. Pois bem, essa é a magia das visualizações interativas simplificadas: a capacidade de explorar informações complexas como um detetive investigando pistas, tudo sem perder a sanidade.

Aqui entra o brilhante pesquisador Dr. Data Analyticus, que, como um mago dos números, percebeu que uma apresentação clara de dados pode ser mais valiosa do que um diamante. Ele destaca que, em um mercado de trabalho cada vez mais sedento por analistas de dados, a habilidade de transformar complexidade em simplicidade é como uma varinha mágica que pode te diferenciar na multidão.

Vamos manter o humor (mas apenas um pouquinho) enquanto mergulhamos em um exemplo real. Pense nos mestres da análise de mercado da gigante tecnológica "Titãs do Byte". Eles descobriram que nossos cérebros humanos – essas maravilhosas máquinas de pensamento – podem se confundir em um emaranhado de dados complicados. Não é que somos ruins nisso; é que até nossos cérebros têm seus limites. Então, por que não facilitar um pouco as coisas?

Vamos usar uma analogia para ilustrar: imagine um prato de sushi. Sim, um prato cheio de informações suculentas. E você pode pegar cada pedaço de sushi para revelar detalhes mais profundos. Essa é a mágica das visualizações interativas simplificadas! Você está no comando, como um explorador em um safári de informações.

E agora, segura essa: uma pesquisa realizada pela "Mega Tech Corp" descobriu que gráficos interativos e diretos podem melhorar a compreensão das informações em até 80%. Isso é quase tão surpreendente quanto um mágico fazendo truques com coelhos!

Em resumo, prezado leitor, a moral da história é: menos é mais. Quando se trata de visualizações, a simplicidade reina. Mais diversão, mais clareza e mais impacto. Quem precisa de um labirinto de dados quando se pode ter uma autoestrada para a compreensão? Então, da próxima vez que você for confrontado com um gráfico que parece um quebra-cabeça de mil peças, lembre-se: a chave é simplificar, sempre com um sorriso no rosto.

Agora vá lá, seja o Indiana Jones das visualizações, explorando novos territórios com destemor, curiosidade e, claro, um toque de simplicidade. E lembre-se, não é apenas sobre os números; trata-se da jornada emocionante rumo ao entendimento pleno. Até a próxima parada no trem das visualizações simplificadas!

Menos é Mais: Criando Narrativas Impactantes com Visualizações Simples

Imagine um mundo onde as visualizações de dados são como aqueles suéteres feitos pela sua tia-avó: repletos de padrões confusos, cores extravagantes e um design que faz seus olhos se contorcerem de agonia. Bem, antes de correr para o abraço de um suéter de gola alta, saiba que o oposto disso é verdadeiro quando se trata de criar narrativas impactantes com visualizações - menos é mais!

UNIFICANDO OS ELEMENTOS VISUAIS PARA O BEM DA HUMANIDADE (E DOS GRÁFICOS)

A primeira regra da criação de visualizações é: "Não faça seus gráficos parecerem uma coleção de adesivos aleatórios em um caderno de recados." Quando você unifica os elementos visuais, como cores, fontes e ícones, está basicamente criando um esquadrão da moda para seus gráficos. E quem não quer gráficos elegantemente vestidos?

Um exemplo brilhante disso é o trabalho do notório guru da visualização de dados, Edward Tufte. Ele é como o Tim Gunn das visualizações - "Faça funcionar!" Tufte defende o uso sensato de cores, mantendo-as simples e evitando aquelas combinações que fariam até um pavão corar de constrangimento.

TROCANDO OS FLOCOS POR A FUNDAÇÃO: EXEMPLOS DO MUNDO REAL

Lembra-se de quando os cereais costumavam ter mais flocos do que fundação? Visualizações com excesso de enfeites são como aquele cereal, deixando você com uma sensação de que algo está errado. Pegue o exemplo da NASA - sim, a agência espacial mais legal do bloco.

Os cientistas da NASA entendem que, quando se trata de transmitir informações complexas sobre as estrelas, planetas e buracos negros, menos é realmente mais. Eles frequentemente usam gráficos simples, como gráficos de barras e linhas, para ilustrar descobertas cósmicas. Afinal, não queremos ficar tentando decifrar um gráfico enquanto uma estrela explode, certo?

Menos é Mais: Desvendando Narrativas Impactantes através de Visualizações Simples e sua Conexão com a Análise de Dados e o Mercado de Trabalho!

Ah, as maravilhas da informação visual! Quem poderia resistir ao chamado das cores brilhantes, das fontes extravagantes e dos gráficos tão complexos que até mesmo um matemático renomado precisaria de um dicionário para decifrar? Mas e se eu te dissesse que há uma maneira melhor de contar histórias com dados? Sim, você ouviu direito - menos é mais quando se trata de criar narrativas impactantes com visualizações simples. E a melhor parte? Vamos minimizar o ruído visual como quem afasta um parente chato na festa de Natal.

Acredite ou não, pesquisadores têm gasto séculos desvendando o mistério da comunicação eficaz. Um exemplo clássico vem do velho Albert Einstein, que disse: "Se você não consegue explicar algo de forma simples, é porque não entendeu bem o suficiente". E quem ousa discutir com o cara que entendeu o universo?

Aqui está a verdade revelada: nossos olhos já têm um trabalho difícil suficiente ao tentar decifrar o cardápio de um restaurante da moda (quem precisa de uma fonte tão pequena?!), então por que complicar ainda mais as coisas com gráficos caóticos? Se você quer que sua mensagem seja lembrada, faça-a brilhar como uma estrela no tapete vermelho - limpa e deslumbrante.

Menos é Mais: O Poder das Narrativas Impactantes com Visualizações Simples

Ah, a magia da simplicidade! Enquanto vivemos em um mundo onde os botões de nossos telefones têm mais funções do que nossos cérebros nas segundas-feiras de manhã, há uma verdade universal que parece desafiar a lógica moderna: menos é realmente mais. E quando se trata de criar narrativas impactantes com visualizações simples, meu caro leitor, estamos prestes a desvendar os segredos desse conto encantador.

Imagine isto: você está no comando de uma história épica, com dragões digitais e gráficos galácticos à sua disposição. Mas, espera aí, antes de mergulharmos na galáxia, vamos dar um passo atrás. Quem é o herói? Onde está o vilão? Que quest desafiadora eles estão prestes a enfrentar? Manter o foco no esperado é a chave. É como esperar aquele último pedaço de pizza na caixa, enquanto todos os outros estão distraídos com coberturas extravagantes. A simplicidade tem o poder de nos trazer de volta ao que realmente importa.

Agora, não vamos confundir simplicidade com chatice. Ninguém quer uma história tão simples que faça a Cinderela parecer um tratado filosófico. É aqui que entra o tempero especial: o bom tom de humor. Você quer que seus leitores riam, ergam as sobrancelhas com surpresa e, talvez, até soltem um "Uau, nunca pensei nisso assim!".

Vamos falar sobre visualizações. Ah, gráficos, tabelas e ilustrações, esses artistas visuais da narrativa. Lembra-se daquelas aulas de matemática em que você desejava estar em qualquer outro lugar? Bem, suas visualizações não devem invocar essa sensação. Uma linha aqui, um ponto ali – e voilà! Você tem uma história que salta da página como um unicórnio com uma taça de café em uma mão e um controle remoto na outra.

Agora, a pergunta que todos estão se fazendo: como manter os leitores vidrados na sua história? A resposta é tão simples quanto um abraço de vovó: crie suspense. Deixe algumas perguntas no ar, como balões perdidos em um festival. "Será que o herói encontrará o amuleto mágico a tempo?". "O vilão finalmente aprenderá que o mal nunca vence a batalha das estatísticas?". Essa pitada de mistério manterá os olhos do leitor grudados na tela, rolando até o final, ansiosos por cada revelação.

Agora, imagine aplicar essa filosofia narrativa aos dados no mercado de trabalho. Sim, a análise de dados é o campo onde a simplicidade e a clareza ganham destaque. Assim como Edward Tufte, um renomado pesquisador em visualização de informações, defende, as melhores representações visuais são aquelas que destilam dados complexos em elementos simples e significativos. Da mesma forma que construímos uma história convincente, os analistas de dados criam uma narrativa baseada em números, apontando tendências e insights em gráficos que contam histórias claras e impactantes.

Portanto, querido leitor, quando se trata de análise de dados e mercado de trabalho, lembre-se de que as lições de "menos é mais" também se aplicam. Use o poder da simplicidade, do humor e da clareza visual para cativar sua audiência e fornecer insights valiosos. Assim como os grandes contadores de histórias e os analistas de dados experientes, você pode conquistar o coração (e o cérebro) daqueles que buscam compreender as histórias por trás dos números.

Celebrando sua Jornada para se Tornar um Mestre do Power BI

E assim, caro leitor, você chegou ao final desta incrível jornada para se tornar um mestre do Power BI. Parabéns! Você passou por planilhas complexas, fórmulas mágicas e gráficos encantados para emergir como um verdadeiro herói dos dados. O mundo dos números nunca mais será o mesmo, e sua capacidade de transformar dados em insights valiosos é uma habilidade que vale mais do que todo o ouro de um dragão.

Lembre-se sempre de que a análise de dados é uma arte e uma ciência. Assim como um pintor que mistura cores para criar uma obra-prima, você combinou tabelas e gráficos para contar histórias que influenciarão o mundo dos negócios. E enquanto você cresceu e evoluiu, também o fez o cenário do mercado de trabalho.

Hoje, a demanda por profissionais habilidosos em análise de dados está em constante ascensão. Como Jessica Datacruncher observou, o conhecimento do Power BI e habilidades correlatas se tornou uma chave para desbloquear oportunidades empolgantes e catalisar a inovação em empresas ávidas por insights.

Portanto, em nome de todos os números, gráficos e narrativas épicas que você dominou, gostaria de expressar minha mais sincera gratidão por ter acompanhado essa jornada até o final. Você não apenas se tornou um mestre do Power BI, mas também um contador de histórias de dados, um estrategista do mercado de trabalho e um explorador incansável da análise de dados.

Que suas habilidades continuem a brilhar como estrelas em um céu noturno, iluminando o caminho para um futuro repleto de descobertas e conquistas. Continue transformando dados em insights e inspirando outros a fazerem o mesmo. Você é uma parte fundamental da vanguarda da revolução dos dados, e o mundo dos negócios nunca será o mesmo graças a você.

Com isso, encerro esta jornada. Que seus relatórios sejam sempre coloridos, suas análises sempre esclarecedoras e sua paixão por explorar dados continue a queimar como um fogo eterno. Até a próxima aventura, caro leitor, e que os dados estejam sempre a seu favor!

Contatos

 Diego Basselli Almeida

Apaixonado por tecnologia, vejo valor extraordinário nas coisas simples. Cada linha de código, engrenagem ou algoritmo revela potencial ilimitado. Transformar o comum em grandioso é o cerne, lembrando que a inovação está em todos os detalhes.